KB178485

국립경주박물관 신라 문화유산 시리즈

국립경주박물관
신라 문화유산 시리즈 ③

Silla Heritage

신라인의 일상을 엿보다

토우 장식 항아리

김현희 지음

국립경주박물관 × 틈새책방

1978년 국보로 지정된 토우 장식 항아리.

항아리 목 부분에는 개구리를 쫓는 뱀이 붙어 있다.

토우 중에는 솔직한 남녀 관계를 드러낸 것도 있다.

새와 거북이, 현악기를 연주하는 여인도 보인다.

차례

· 들어가는 말 10

I. 작은 흙 인형을 만나다 ─────────────── 14

II. 다시 만난 흙 인형 ─────────────── 26

III. 국보 토우 장식 항아리를 들여다보다 ─────────── 40

IV. 신라 생활을 재현한 토우, 그리고 의미 ────────── 50

· 나가는 말 68

· 용어 해설 70

· 참고 문헌 74

국립경주박물관 신라 역사관에 오시면 기원전 57년부터 기원후 935년까지 한반도 동남쪽에 있었던 천년 왕국 신라를 만나실 수 있습니다. 그중 제1전시실은 아득히 오랜 구석기 시대부터 5세기 말 신라가 고대 국가 체제를 완성하기까지의 유물들을 다루고 있는데요. 이곳에 국보인, 미추왕릉 지구에서 출토된 토우 장식 항아리가 놓여 있습니다. 국보로 지정된 토우 장식 항아리는 두 점인데, 그중 하나가 미추왕릉 지구 출토 목 항아리*(장경호長頸壺)이고, 다른 하나는 국립중앙박물관에 소장된 경주 노동동 출토 목 항아리입니다. 항아리의 어깨와 목이 만나는 부분을 빙 둘러, 작고 투박하지만 기발하고 재미있게 표현된 토우가 장식돼 있습니다.

토우(土偶)는 사람이나 동물, 일상생활에서 사용되는 사물을 본떠 만든 작은 흙 인형입니다. 얼마나 작은가 하면요. 대략 2~5센티미터로 어른 손가락 한두 마디만한 크기입니다. 동물의 뼈나 뿔, 짚이나 풀로 만들기도 하지만, 많은 수가 흙으로 만들어졌기 때문에 일반적으로 '토우'라고 부릅니다. 선사 시대부터 만들어진 일종의 미니어처입니다. 이는 나중에 순장이 금지된 뒤 순장 대체품으로 만들어진 토용(土俑)*과 다르고, 어떤 형상을 본떠 흙으로 만든 상형 토기*와도 차이가 있습니다. 신라인들은 주로 굽다리 접시의 뚜껑이나 목 항아리의 목 부분에 토우를 붙여 장식했습니다. 풍요와 다산을 기원하는 신라인의 정신세계를 표현한 것이지요. 가만히 들여다보면 참 단순한 모양인데, 그럼에도 무엇을 표현한 것인지 알아볼 수 있다는 점이 재미있습니다.

때로는 과감하고 솔직하게, 때로는 익살스럽고 낙천적인 모습을 보여 주는 토우의 형상에는 당시 신라인들의 생김새나 옷차림, 그들의 일상생활과 믿음이 담겨 있습니다. 또, 신라인들과 가깝게 지냈던 친

숙한 동물과, 먹고 사냥했던 혹은 상상 속의 동물까지 다양한 모습을 엿볼 수 있습니다. 어떤 부분은 과장해서 표현하고, 또 어떤 부분은 단순하게 생략하면서 신라인의 염원이나 상징적인 의미를 드러냅니다. 신라인의 삶을 담고 있는 토우의 매력에 한번 빠져 보시기 바랍니다.

신라인의 일상을 엿보다

토우 장식 항아리

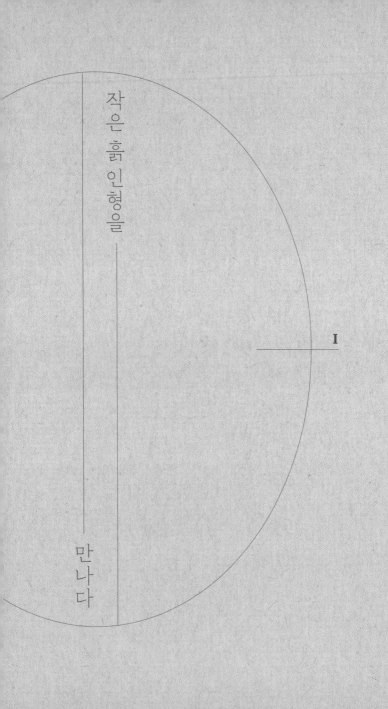

작은 흙 인형을

만나다

I

그리 깊지도 않은 땅속에서 무려 1600여 년을 잠들어 있었던 토우는 일제 강점기였던 1926년 5월에 발견됐습니다. 당시 경동철도주식회사는 대구에서 경주·울산을 거쳐 부산에 이르는 철도 노선을 확장하는 공사를 시작하면서, 노선의 주요 지점인 경주 정차장에 기관고를 증설해야 했습니다. 그때 경주역은 지금의 경주 서라벌문화회관 자리에 있었는데, 여기에 기관차 창고를 지으려고 습지를 매립할 흙을 채취하던 과정에서 유물을 발견했습니다.

흙 속에서 상상하지도 못했던 유물들이 쏟아져 나오자, 당시 조선총독부박물관에 신고가 접수됐습니다. 마침 경주분관의 개관을 준비하러 경주에 내려와 있던 조선총독부박물관의 후지타 료사쿠(藤田亮策)와 고이즈미 아키오(小泉顯夫)가 경주역 공사 현장으로 긴급 조사를 나갔습니다. 기존에 알고 있던 신라 토기에 작은 흙 인형들이 붙어 있다는 새로운 사실을 접한 후지타와 고이즈미는 사태의 긴급함과 심각성을 고려해 조사단을 구성했습니다. 조선 총독부 고적조사위원인 후지타 료사쿠, 조선총독부박물관에 촉탁으로 근무하던 고이즈미 아키오, 촬영 기사인 사와 슌이치(澤俊一), 경주분관 객원이었던 최재규와 경주고적보존회의 최준봉이 조사단원이었습니다. 이외에 야간 불침번 1명과 인부 20여 명이 아침 7시부터 저녁 7시까지 조사 작업을 진행했다고 합니다.

이들의 조사 보고서를 살펴보면, 긴급 발굴 조사 일정은 5월 20일에서 6월 27일까지 약 5주간이었습니다. 5월 20일에서 29일까지 경주분관 진열, 5월 30일에서 6월 2일까지 황남동 을분(乙墳)을 발굴, 6월 3일에서 17일까지 갑분(甲墳)을 발굴, 6월 17일에서 27일까지 병분(丙墳)을 발굴했다고 합니다. 처음에는 갑, 을, 병, 정 네 개의 무덤만 발굴하려 했던 듯한데, 결국 그해 11월까지 6개월 동안 무려 50기가 넘는 무덤을 발견했습니다. 후지타는 조사 기간이 끝나기 전에 제24회 고적조사위원회에 참석하기 위해 경성으로 돌아갔고, 고이즈미가 실질적으로 현장을 책임지고 조사하게 됐습니다. 대규모 공사인데다가 흙이 붕괴될 위험이 컸기 때문에 무덤과 유물 조사에 대한 도면과 같은 자료는 작성할 시간이 없었으며, 간단한 기록과 사진만 촬영한 채 유물을 수습했다고 합니다.

무덤의 형태는 대략 길이 2미터, 폭 70~80센티미터의 좁고 긴 돌덧널 무덤(석곽묘石槨墓)*으로 겨우 한 사람이 누워 있을 수 있는 정도의 작은 공간이었습니다. 이곳에서 다양한 형상의 토우들이 가득 붙어 있는 신라 토기들이 다량 출토됐고, 간혹 반지나 유리구슬류 등이 확인됐습니다.

한편, 수많은 토우가 붙은 신라 토기가 출토된 돌무지 나무덧널 무덤(적석목곽묘積石木槨墓)*이 확인된 곳은 경주 황남대총의 북동쪽인 옛 경주시청의 별관 남쪽, 즉 황남대총(98호분)과 93호분 사이 지역으로 추정됩니다. 당시 기록과 고이즈미의 회고록 등을 참고해 보면, 경동철도주식회사는 1926년 5월 초순부터 경상북도 경주군 경주면 황남리 40·44번지(동양척식회사 소유지)와 43번지(김운용 소유지) 일대에서 흙을 채취했고, 당시 지번상 39번지에 있던 93호분과 53번지에 있던 98호분(황남대총)의 일부를 훼손한 것으로 보입니다.

황남리 부근의 흙을 이렇게 대규모로 채취하고도 더 많은 흙이 필요하자, 당시 공사 업체와 긴급 발굴 조사자들이 대립하여 두 집단 사이에 긴장감이 돌았다고 합니다. 마침 조선 총독부는 1921년 금관총 발굴 후 또 다른 왕릉급 무덤의 발굴 조사 기회를 엿보고 있었습니다. 그래서 노서리에 있는 반쯤 무너진 대형 봉토분을 조사하고 그 봉토에서 나온 흙을 매립용으로 사용하자는 대안을 제시했습니다. 이 무너진 대형 봉토분이 바로 제129호분인 서봉총입니다. 서봉총 발굴 조사는 1926년 7월 4일부터 9월 14일까지 약 54일 동안 총 1,600여 명을 동원하여 진행했습니다. 이렇게 급하게 조사한 탓에 발굴에 대한 기록이 너무나 부족합니다. 또 봉분의 흙은 그대로 퍼가서 공사에 썼기에 서봉총이 지금 경주 시내 다른 고분들과는 다르게 납작한 모습으로 남아 있습니다.

우리는 경주 황남리 돌덧널 무덤에서 나온 많은 수의 신라 토우들이 어느 무덤에 어떤 상태로 묻혀 있었는지 명확하게 알 수는 없습니다. 발굴 당시 자료를 거의 남기지 않은 데다가, 이후에 발굴 보고서도 발간되지 않았기 때문입니다. 또, 출토 당시에는 토기에 붙어 있었으나 부주의하게 다뤄지면서 떨어져나와 토우만 개별적으로 보관된 경우도 많았습니다. 국립중앙박물관에서는 이렇게 분리돼 있던 토우들을 다시 정리하여 토기에 붙이는 복원 작업을 진행하고 있

경주 황남리 8호분 토우 출토 상태.
토우가 뚜껑에 붙어 있는 상태로 무덤에 묻혔음을 알 수 있다.

경주 황남리 22~26호 서쪽에서 본 전경. 사람들이 모인
아래쪽으로 공사장으로 흙을 퍼나르기 위한 철도가 보인다.

습니다.

　이후 1934년 조선고적연구회*에서 조사한 돌무지 나무덧널 무덤인 경주 황남동 109호 2곽에서도 뱀 모양의 토우 한 점이 더 발견됐습니다. 흔히 고배(高杯)라고 부르는 굽다리 접시 뚜껑에 장식된 토우였습니다. 당시 연구자들은 1926년에 발견된 토우들과 이 뱀 토우가 장식된 굽다리 접시 사이에 어떤 관계가 있는지에 큰 관심을 가졌습니다. 훗날 연구로 무덤에서 출토되는 토우 장식 토기는 무덤의 으뜸덧널*이 아니라 주로 딸린덧널*에 묻혔다는 것이 밝혀졌는데, 황남동 109호 2곽이 바로 그러한 주장을 뒷받침하는 중요한 자료였습니다.

'경주고적보존회'가 '조선총독부박물관 경주분관'으로

일제 강점기였던 1913년에 신라 문화유산의 보존을 위한 '경주고적보존회'가 발족합니다. 경주고적보존회는 조선 시대 경주부(慶州府) 관아의 내아(內衙) 건물을 이용해 신라 문화재를 전시하는 진열관을 만들었습니다. 현재 경주시 동부동에 있는 경주문화원 자리입니다. 경주고적보존회는 경주의 사찰과 유적에서 유물을 수집하여 전시하고 일반에 공개했습니다. 이 진열관을 경주 지역 최초의 박물관이라고 할 수 있습니다.

1913~1914년 경주고적보존회 진열관의 전시 모습. 삼국 시대부터 통일신라 시대까지의 신라 토기를 3단으로 전시했다.

>>>

1921년 가을, 신라 금관의 출토는 경주고적보존회의 진열관에도 전환점이 됐습니다. 이때부터 금제 유물들을 비롯한 신라 시대의 유물에 관심이 집중됐고, 이에 경주 시민들이 기부금을 모아 금관고를 지었습니다. 금관을 비롯한 금관총의 화려한 출토품을 전시하면서 경주고적보존회 진열관은 당시 인기 있는 관광지가 됐습니다. 경주고적보존회의 소장품은 이후 1926년에 문을 연 조선총독부박물관의 경주분관으로 흡수됐고, 현재는 국립경주박물관이 소장하고 있습니다.

신라 역사에 치욕을 안긴
고이즈미 아키오

금관을 머리에 올린 채 사진을 찍은 평양 기생.

고이즈미 아키오는 조선총독부 박물관의 촉탁직으로 경주분관 개관을 준비하기 위해 경주에 왔다가 이 지역 발굴 조사를 책임지게 됐습니다.

경주 서봉총 북분 발굴 당시, 스웨덴 황태자 아돌프 구스타프 공작을 초청해 봉황이 장식된 금관을 직접 수습하게 하기도 했습니다. 이를 기념해 스웨덴의 한자식 표기 '瑞典(서전)'의 '서'자와 '鳳凰(봉황)'의 '봉'자를 따서 무덤 이름을 서봉총이라 명명했습니다. 서봉총 북분과 붙어 있는 남분(데이비드총) 역시 고이즈미가 발굴에 참여했습니다.

고이즈미는 이후 평양부립박물관장으로 재직하던 1935년에 금관을 기생의 머리에 씌우고 사진을 찍어 물의를 일으키기도 했습니다.

고이즈미는 평양으로 갈 때 서봉총 발굴과 관련된 자료를 가지고 갔다고 합니다. 그러나 해방 후 1946년 일본으로 돌아갈 때까지도 발굴 보고서를 작성하지 않았습니다. 그리고 일본으로 돌아가기 전에 스파이로 오인받을까 두려워 가지고 있던 발굴 기록과 사진, 자료를 모두 길에 버렸다고 회상했습니다.

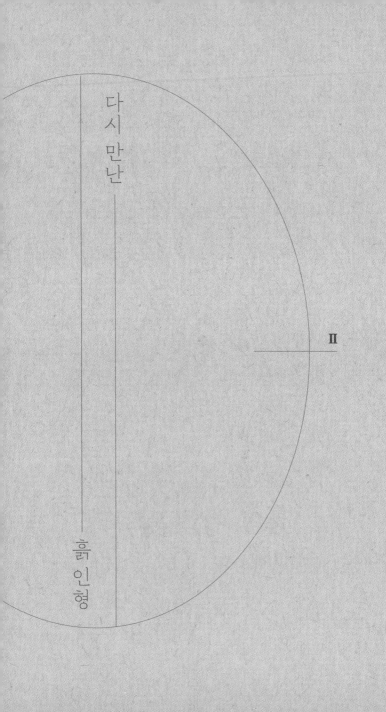

다시 만난

흙 인형

II

1970년대에 이르러 경제 발전과 맞물려 다양한 개발 공사가 이어졌습니다. 한편으로는 역사에 대한 새로운 관점을 확보하고 대내외적인 위상을 세우기 위해 곳곳에서 발굴 조사가 진행됐습니다. 특히 경주 시내 대형급 무덤의 발굴 조사가 이뤄지면서 화려한 고대 문화에 대한 물질 자료가 수없이 쏟아져 나오기 시작했습니다. 하지만 토우가 부착된 항아리의 완벽한 모습은 대형급 무덤에서 발견된 것이 아니었습니다.

1973년에 천마총과 황남대총과 같은 대형 왕릉급 무덤의 발굴 조사가 시작됐습니다. 그 뒤, 경주시 개발 계획 중 하나였던 미추왕릉 지구 정화 사업으로 당시 경주시청 앞에서 계림으로 이어지는 도로 공사가 진행됐습니다. 이 도로 공사 중에 또다시 고분이 확인돼 경북대학교 박물관에서 사적관리소의 위탁을 받아 1974년 4월 22일부터 6월 28일까지 긴급 조사를 실시했습니다.

이곳에서 돌무지 무덤* 31기, 돌널 무덤* 3기, 독 무덤* 8기가 확인됐습니다. 무덤의 크기는 작은 편이었지만 귀걸이나 치아가 나온 것을 보면 껴묻거리*를 넣는 딸린덧널은 아니었습니다. 머리 방향은 대체로 동쪽과 남쪽의 중간쯤으로 두고 있던 것으로 보입니다. 특히 소형 무덤은 여러 기가 연결돼 붙은 형태였습니다. 돌무지 무덤에서는 토기류 외에 장신구류와 철제 무기, 말갖춤* 등이 출토됐고, 돌널 무덤에서는 주로 토기류만 출토됐다고 합니다. 특히 "기대(器臺, 그릇받침)*와 함께 출토된 장경호에 고[琴(현악기)]를 연주하는 사람, 성교를 하는 남녀, 오리, 개구리, 뱀, 물고기, 거북이(또는 자라) 등을 만들어 붙인 것이 있다"라고 간략히 보고돼 있는데, 이 장경호(목 항아리)가 바로 1978년에 국보로 지정된 토우 장식 항아리입니다. 이 항아리는 계림로 30호에서 출토됐다고 알려졌지만 출토된 고분에 대해서는 보고된 바가 없습니다. 당시 여러 대학과 기관이 진행한 발굴 조사 중에는 결과 보고서가 아직 정리되지 않은 것이 많습니다. 그러나 여러 자료를 검토해 봤을 때, 이 토우 장식 항아리는 황남대총 옆쪽의 미추 11·12 지구에서 나온 것으로 추정됩니다.

또 다른 토우 장식 항아리는 경주 노동동 동해식당 옆에서 건축 공사 중에 발견돼 경북대학교 박물관에

토우 장식 항아리.
왼쪽이 경주 계림로에서 출토된 것이고,
오른쪽이 경주 노동동에서 출토된 항아리다.

서 긴급 수습 조사를 했다고 합니다. 이때 발견된 토우 장식 항아리는 가마에서 구워질 때 약간 뒤틀렸지만 전체적인 형태를 알 수 있는 완전한 개체 중 하나입니다. 경주 노동동에서 출토된 항아리에는 목 부분에 왼손으로 긴 막대기를 쥐고 오른손으로 과장된 성기를 쥐고 서 있는 남자, 개구리 뒷다리를 물고 있는 뱀이 대칭적으로 붙어 있습니다. 특히 남자는 찢어진 두 눈과 큰 코가 특징이며, 고깔 같은 모자를 쓴 모습으로 묘사돼 있습니다.

이렇게 토우 장식이 붙어 있는 두 항아리가 확인되면서, 그동안 조각조각 떨어져서 관리됐던 토우들이 토기에 부착돼 있던 것임을 확신하게 됐습니다.

1973년에 발굴 조사한 대형급 왕릉인 경주 황남대총 남분에서는 춤추는 여자 토우가, 북분에서는 고깔을 쓴 남자 토우가 붙은 그릇 받침 조각이 각각 출토됐습니다. 그런데 이들 토우는 돌무지 나무덧널 무덤의 내부가 아니라 봉분을 이루는 흙(봉토)에서 발견됐습니다. 토우가 부착된 받침 그릇에서는 일부러 깨어 부순 흔적을 찾을 수 있었습니다. 무덤을 만들어 봉토를 쌓으면서 토우가 부착된 토기 조각이나 여자 토우

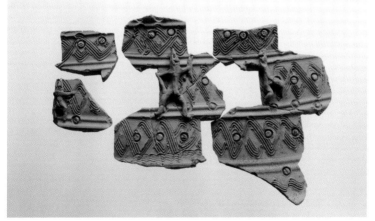

경주 황남대총의 봉토에서 출토된 여자 토우(위)와
남자 토우(아래).

를 함께 묻어 제사를 지낸 것으로 보입니다. 봉토 제사에 사용된 바구니에는 일부러 파손시킨 말띠꾸미개*와 말띠드리개*도 확인됐고, 대형 항아리 속에 들어 있는 작은 뚜껑 접시에 소나 말, 꿩, 오리, 닭이나 여러 가지 물고기 뼈와 조개류가 담겨 있었기 때문에 여기에 제사 음식을 담았을 것으로 봅니다.

이후로도 여러 곳에서 토우 장식 그릇들이 간간이 발견됐습니다. 1985년에는 경주 월성로 고분군 11-1호에서 토우가 붙어 있는 굽다리 접시와 뚜껑이 확인됐습니다. 뚜껑에 말 한 마리가 서 있는 굽다리 접시와 개구리 뒷다리를 물고 있는 뱀 토우가 장식된 뚜껑을 확인할 수 있었습니다. 특히 이 돌덧널 무덤에서는 보통 무덤에서는 나오지 않는 뿔잔 한 점도 함께 출토됐기 때문에 주인공이 일반적인 인물은 아니었을 것으로 생각됩니다.

신라 지역 외에는 금관가야 지역인 김해 대성동 8호분에서 신발 모양의 토우가 붙어 있는 토기편(높이 3.5 센티미터)이 발견되기도 했습니다. 또한 경산 임당동 5호분에서도 말머리만 붙어 있는 뚜껑 달린 굽다리 접시가 나왔으며, 부산 복천동 11호분에서 거북이가 기어가는 듯이 붙어 있는 그릇 받침이 발견됐고, 복천동 32호분에서 출토된 그릇 받침에는 멧돼지와 개, 말 모양의 토우가 붙어 있었습니다.

울산 운화리 유적 30호에서는 앞트기식 돌방 무덤(횡구식석실묘橫口式石室墓) 주위에 판 도랑(주구周溝)에서 의도적으로 부순 대형 항아리와 함께 토우가 출토됐습니다. 앞트기식 돌방 무덤이란 돌로 세 벽과 천장을 먼저 만든 다음, 열려 있는 한쪽 면으로 주검을 넣고 그 벽을 마저 막아서 만드는 무덤입니다. 이 무

울산 운화리 30호 출토 토우.

덤은 5세기 중후반에 만들어졌는데, 경주에서 떨어진 외곽 지역에서 시기적으로도 차이가 있는 돌방 무덤*에서도 토우가 발견됐다는 점에서 의미가 있습니다. 남자 성기를 강조한 남자 토우가 피리나 대금과 같은 악기를 연주하는 모습이 보이고, 등에 격자 모양이 새겨진 말로 추정되는 동물도 있습니다. 그 외에 개와 유사한 동물 토우 여러 점이 확인됐습니다. 경주 황남동 돌덧널 무덤에서 출토된 토우에 비해 몸통과 다리의 접합이나 접합 후 마무리 등이 미흡한 것으로 보아 서투른 솜씨로 모방하여 만든 토우들 같습니다.

지금까지 신라 토우는 무덤에서 주로 출토됐으나, 경주 손곡리·물천리에서는 토우를 만들던 장소(생산 유적*)가 발견됐습니다. 이곳에서 112점의 토우가 출토돼, 무덤에서 확인된 토우의 생산지를 추정할 수 있는 중요한 자료가 되고 있습니다. 이 유적을 조사하기 위해 시험적으로 판 도랑 안에서 토우가 붙어 있던 흔적이 남아 있는 굽다리 접시나 뚜껑 조각과 함께, 토기에서 떨어진 토우 조각들을 확인할 수 있었습니다. 이중 인물 토우를 살펴보면, 성교 중인 여성으로 추정되는 모습이나 가면을 쓴 것 같은 모습, 말 탄 자세를

경주 손곡리·물천리 유적에서 출토된 인물 토우 및 동물 토우.
뚜껑편 위에 있는 토우는 남녀가 성교하는 모습이고,
그 위 4개의 토우는 가면을 쓴 토우들이다.
그 아래 토우들은 손이 묶여져 있는 모습과 현악기를 연주하는
모습을 표현한 것이다. 맨 아래 토우는 호랑이와 개다.

취한 모습 등을 볼 수 있습니다. 동물 토우로는 새·소·말·호랑이·개·멧돼지·거북·뱀 등이 있습니다. 인물의 모습, 동물의 종류나 제작 기법이 경주 황남동 출토 토우와 매우 유사합니다.

2010년 국립경주문화재연구소가 발굴한 쪽샘 지구에서 돌무지 나무덧널 무덤인 B6호분의 딸린덧널에서도 토우가 출토됐습니다. 딸린덧널은 시신을 넣은 으뜸덧널과 별도로 껴묻거리만을 넣기 위해 만든 나무 상자입니다. 경주시 황오동 일대, 대릉원 근처에 위치한 4~6세기 신라 귀족의 무덤군인 쪽샘 유적에서는 돌무지 나무덧널 무덤 200여 기를 비롯해 덧널무덤*, 돌널 무덤, 독 무덤 등의 고분이 여럿 확인되고 있습니다. 쪽샘 지구 유적 중심부에 위치한 B지구에서 서로 연결된 무덤(연접분) 5기가 조사됐는데, B2호 → B1, 3, 6호 → B4호 순으로 만들겼으며 무덤의 둘레돌(호석護石)* 일부를 파괴하고 덧널을 설치했음을 알게 됐습니다. 그중 B4호만 외덧널식이고 나머지는 딸린덧널이 있는 겹덧널식입니다.

B1호에서는 금귀걸이·금드리개·은허리띠·큰 칼·금동제 말갖춤·철솥 등이 출토됐고, B6호의 딸린덧널에

B6호 딸린덧널 출토 토우 장식 토기들.

서는 말갖춤류와 굽다리 접시 뚜껑에 붙어 있는 다양
한 형태의 토우가 출토됐습니다. 특히 굽다리 접시와
세트를 이루는 뚜껑 위에 토우가 배치된 사례가 많았
습니다. 주로 동물과 사람을 표현했는데, 새·개구리·
거북·뱀 등의 동물들이 표현되거나, 누워 있거나 서
있는 인물, 악기를 연주하는 인물, 지팡이를 짚는 인
물 등 다양한 행동을 하는 사람들을 묘사했습니다. 또
남성의 성기, 여성의 가슴과 음부를 강조한 점에서도

황남동 출토품과 비슷한 모습을 보였습니다.

　황남동에서 발견된 토우들은 자료가 정리되지 않았기도 하고, 아직까지 토기와 토우의 조합이 완벽하게 복원되지 않아서 그 의미까지 해석하기에는 한계가 있었습니다. 그런데 쪽샘 지구는 현재의 발달된 기술로 발굴이 진행되고 있어 토우 장식 토기 연구에 풍부한 자료를 제공해 주는 고마운 유적입니다. 특히 쪽샘 B 연접분은 무덤이 만들어진 선후 관계가 명확하여 출토된 유물의 변화 양상을 알 수 있어, 토우를 연구하는 데 중요한 자료가 되고 있습니다.

무덤이
이어져 있는 이유

5~6세기 신라에서는 봉토를 서로 붙여 만드는 무덤 형태가 크게 유행했습니다. 이렇게 연결된 무덤을 연접분이라고 부르는데, 먼저 만들어진 무덤에 새로운 무덤을 이어나가는 방식입니다. 무덤 두 개를 붙여 만든 경우, 옆에서 보았을 때 표주박을 반으로 잘라 놓은 모양 같아서 표형분(瓢形墳)이라고 부르기도 합니다. 연구자들은 무덤 주인공들이 서로 가족이나 친척임을 표현하기 위해서 연접분을 만들었다고 보고 있습니다.

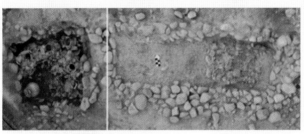

쪽샘 지구 발굴 현장.

쪽샘 지구 B 무덤 배치도.
B2호가 가장 먼저 만들어지고
1, 3, 6, 4호 순으로 연이어 만들었다.

국보 토우 장식 항아리를

Ⅲ

들여다보다

본격적으로 국립경주박물관의 토우 장식 항아리를 살펴보겠습니다. 일반적으로 계림로 30호 출토품이라고 알려져 있는데, 황남동 미추왕릉 지구에서 출토된 것이기는 하나, 계림로 30호 무덤에서 출토됐다는 근거는 아직 명확하지 않습니다. 한자어로는 토우부장경호(土偶附長頸壺)라고 하는데요. 토우가 '부착'된 '목이 긴 항아리'라는 뜻입니다. 긴 목 항아리는 신라 5세기대의 양식으로 경주 지역에서 많이 출토됩니다.

　계림로 목 항아리는 높이가 34센티미터, 입구 부분의 지름은 22.4센티미터로, 몸통이 봉긋하게 둥근 모양입니다. 입구 부분은 밖으로 약간 벌어진 상태로 솟아 있고 목 부분에는 돌출선 4개를 돌렸습니다. 노동동 출토 목 항아리는 높이가 40.5센티미터, 입구 지름이 25.5센티미터로 계림로 출토품보다 조금 더 크고 길쭉하며 아래쪽이 울퉁불퉁하게 찌그러져 있어서 잘 세워지지 않습니다. 아마도 가마에서 나올 때부터 이런 모양이었던 것으로 추측됩니다. 목 부분은 밖으로 약간 벌어진 채 올라가다가 끝부분에서 안으로 꺾여졌습니다.

계림로 출토 토우 장식 항아리.

　계림로 목 항아리의 문양을 살펴보면 목 부분을 2
단으로 나누고, 몸체는 이등분하여 윗부분을 다시 2
단으로 나누어 가로선을 그었습니다. 이 가로선 사이
에 위에서 아래로 한 번에 5개의 선을 내려긋고, 그
선 사이에는 원과 중심점을 표현한 동심원을 새겼습
니다. 목 부분에는 칸마다 동심원이 하나씩 그려졌고,
몸통 부분은 윗단에는 3개, 아랫단에는 2개의 동심원
을 그렸습니다. 이 원과 직선 문양은 거의 같은 간격

노동동 출토 토우 장식 항아리.

으로 배치됐는데, 단마다 엇갈리게 그려져 있습니다.

노동동 목 항아리도 목 부분을 2단으로 나누었는데, 각각 한 번에 5개의 선을 이용한 물결무늬를 겹치게 새겼습니다. 5개의 선을 ∧ 모양으로 반복해 긋고 다시 엇갈리게 ∨ 모양을 그어 마름모 문양이 연속적으로 나타납니다. 또 그 사이사이에 원을 찍어 문양을 표현했습니다. 몸체는 중간 부분에만 5선을 이용한 물결무늬를 겹치게 새겼습니다.

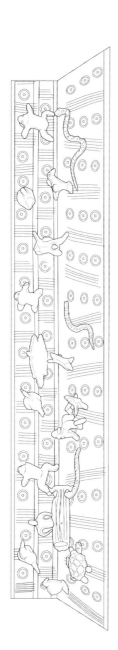

계림로 출토
토우 장식 항아리의
토우 부분을 펼친 모습.

토기에 그려진 문양 위에 토우가 붙어 있는 것으로 보아, 토우는 토기를 빚고 문양을 새긴 직후에 부착한 듯합니다. 계림로 목 항아리의 목과 어깨 부분에 개구리의 뒷다리를 물고 있는 뱀과 오리 모양 토우가 일정한 간격으로 세 곳에 배치돼 있습니다. 그리고 그 사이에 성기가 강조된 남자, 현악기를 연주하는 사람, 남녀가 성교하는 모습, 물고기, 새, 거북 등의 토우를 장식했습니다. 항아리의 목과 어깨가 걸치는 부분에는 가야금처럼 생긴 현악기를 연주하는 여인의 모습이 보이고, 개구리를 물고 있는 뱀이 이 악기 아래를 지나고 있습니다. 가만히 보면 이 연주자의 배가 볼록한 모양이 임신부 같습니다. 항아리의 목 부분에는 새와 물고기, 개구리를 쫓는 뱀, 그리고 남자 상이 붙어 있습니다. 이 남자 상은 머리를 포함한 신체 일부가 떨어져 나가고 없지만, 남근이 특히 강조되어 있습니다. 항아리의 어깨 부분에 놓인 토우 중에서 성행위를 하고 있는 남녀가 눈에 띕니다. 남성은 성기가 크게 강조된 모습이고, 이보다 크게 표현된 여성은 엎드린 채 뒤를 돌아보는 자세를 취하고 있습니다. 돌아보는 여성 얼굴의 웃는 듯한 눈과 입 표현이 인상적입니

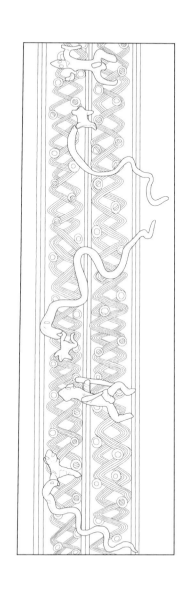

노동동 출토
토우 장식 항아리의
토우 부분을 펼친 모습.

다. 그 옆으로 토끼나 개처럼 생긴 육상 동물, 활짝 날개를 벌린 새와 자라 등이 항아리 어깨에 자리하고 있습니다.

노동동 목 항아리의 토우 장식은 목 부분에만 있고 그 수도 훨씬 적습니다. 개구리 뒷다리를 무는 뱀 모양이 세 개가 배치되고, 그 사이에 지팡이를 든 사람과 성기가 강조된 남자 인물 토우가 자리했습니다. 개구리 뒷다리를 물고 있는 뱀 세 개는 크기와 모양에 차이가 있습니다. 지팡이를 든 인물을 중심으로 시계 방향으로 돌려보면 점차 작아지는 것을 알 수 있습니다.

토우를 만드는 방법을 보면, 하나의 점토 띠로 몸통을 만들고 얼굴이나 팔과 다리를 부착하여 물 손질로 마무리하는 게 일반적이며, 두 가닥의 점토 띠를 맞물려서 몸통을 만들고 두 가닥이 바로 다리가 되는 것으로 마무리하는 방법도 확인됩니다. 토우를 만든 이가 곧 토기를 만든 사람인지는 증명하기 어렵습니다. 하지만 아마도 같은 공방 안에 있던 사람들이었으리라 생각됩니다.

계림로 출토품과 노동동 출토품은 같은 긴 목 항아리이지만 세부 디자인은 많이 다릅니다. 계림로 목 항아리는 몸체가 둥근 공 같지만, 노동동 출토품은 어깨가 각져 있고 몸체 중앙 아래는 둥근 공을 반으로 자른 형태입니다. 가장 큰 차이는 문양입니다. 앞에서 살펴보았듯이 계림로 출토품은 여러 겹의 선으로 그린 문양(집선문集線文)과 원 문양이 반복되고 있지만, 노동동 출토품은 여러 겹의 선으로 삼각 물결을 반복해서 엇갈리게 그어 마름모 문양이 연속적으로 표현되도록 했습니다. 부착된 토우도 다르지만, 개구리를 물고 있는 뱀은 공통적으로 보여 흥미롭습니다. 토기를 만든 공방도 다르고 만든 사람도 다른 듯한데, 같은 형상을 공유하는 점이 무엇을 의미하는지는 앞으로 풀어야 할 숙제입니다.

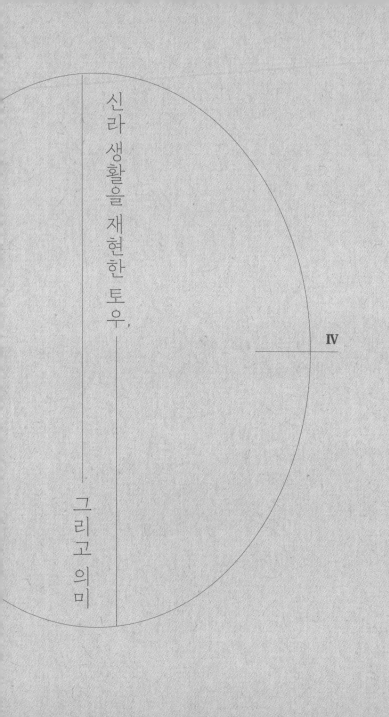

신라 생활을 재현한 토우,

그리고 의미

IV

권력을 가진 사람들은 살아생전의 공간을 자신의 죽음 공간, 즉 무덤으로 편입시키곤 했습니다. 죽음 이후를 또 다른 재생의 세계로 채움으로써 권력을 이어가려 했을 것입니다. 무덤은 또 다른 기억 극장이라 할 수 있습니다. 지나간 기억을 진열하여 과시하고, 살아서 가진 것을 다음 세대로 건네주기 위한 기억 행위인 애도(哀悼), 또는 제의(祭儀)가 퍼포먼스처럼 펼쳐지는 공간입니다. 오로지 말로 전달될 수밖에 없었던 인간의 풍부한 경험과 차별화된 이미지를 오래도록 기억하고 공유하기 위해서이지요.

토기 제작에는 기존에 답습돼 오던 기술이나 조직의 관념에 새로운 기술과 정보를 접목해 모방하거나 발전시키는 행위가 담겨 있다고 봅니다. 토기뿐만 아니라 당시 인간들이 만들고 사용하고 공유했던 모든 물건이 그렇지요. 오늘날 우리가 무덤 속에서 확인할 수 있는 여러 물질 자료 중에서 토기가 양적인 측면에서는 으뜸입니다. 따라서 다량의 토기에 담긴 여러 법칙을 읽어 낸다면 당시의 기술이나 경제, 문화적 관념까지 읽을 수 있을 것입니다.

사람은 유한한 시간에 묶여 있는 존재입니다. 자신의 삶을 주체적으로 이끌어 나갈 수도 있지만, 권력이나 지위, 신분 때문에 타인의 뜻에 어쩔 수 없이 끌려가기도 합니다. 이러한 인간 존재의 실체를 한눈에 가늠할 수 있는 고대 자료는 매우 드뭅니다. 그렇기에 특히 생로병사(生老病死)의 모습을 과감하게, 때로는 간략하게 보여 주는 신라 토우는 어떤 상세한 그림보다도 가깝게 다가옵니다. 이제부터 그동안 발견된 토우들을 통해 1600여 년 전 신라 사람과 동물의 실체와 기억을 하나씩 들여다보려고 합니다.

　신라 토우 중에는 신라 사람들이 즐겼던 일상의 풍류를 엿볼 수 있는 토우가 있습니다. 현악기를 연주하거나 피리를 부는 모습, 이러한 연주에 맞추어 춤을 추는 모습도 함께 볼 수 있습니다. 이러한 모습들은 일상의 모습을 재현한 것뿐만 아니라, 죽은 이의 명복을 기원하거나, 병을 낫게 하고, 비를 오게 하는 일종의 의식 행사로도 이해할 수 있습니다.

　신라 토우에서는 현악기와 관악기가 모두 나타납니다. 현악기는 오늘날의 가야금처럼 긴 악기를 무릎 위에 놓고 손가락으로 줄을 튕겨서 음을 만드는 형태입니다. 보통 가야금이라 부르는 악기는 가야의 가실왕이 중국 악기를 참고하여 가얏고로 개량하고 신라를 통해 일본으로 전했다고 추정됩니다. 계림로 토우 장식 항아리에 부착된, 임신부가 연주하는 현악기에는 오늘날의 가야금처럼 양이두(羊耳頭)가 T자형으로 뚜렷하게 표현돼 있습니다. 양이두는 울림통 끝부분에 줄을 걸어 고정하는 부분으로 마치 양의 귀나 뿔처럼 생겼습니다. 줄을 갈거나 조일 때 매우 편리하게

————————— 계림로 토우 장식 항아리에는 임신부가 가야금으로
보이는 현악기를 연주하는 토우가 부착되어 있다.

고안된 부분인데, 중국이나 일본의 현악기에는 확인되지 않는 고유한 특징입니다.

이러한 현악기 고(한자로는 琴금)의 모습은 광주 신창동 유적의 저습지에서 출토된 악기 유물, 경산 임당 유적의 널무덤에서 출토된 공명통 유물, 대전 월평동 유적에서 출토된 양이두 등에서 찾아볼 수 있습니다. 백제 금동대향로에서도 이러한 현악기를 연주하는 모습을 확인할 수 있고, 일본 쇼소인(正倉院)에서 소장하고 있는 신라고(新羅琴)의 형태와도 유사합니다.

계림로 출토 목 항아리에는 현악기만 표현돼 있지만, 토우 전체로 보면 피리를 표현한 것이 꽤 많이 있습니다. 피리는 관악기의 일종으로 대나무 관대에 입을 대고 세로로 부는 종적(縱笛)이 일반적입니다. 입을 대고 부는 부분인 겹서(複簧)와 구멍이 있는 몸통인 관대로 구분되는 피리를 불기 시작한 시점은 대략 5~6세기로 추정하고 있습니다. 피리는 중앙아시아 지역의 신장(新疆)에서 나온 악기가 실크로드를 따라 중국을 통해 우리나라에 들어온 것으로 봅니다. 신라 토우에 표현된 피리는 궁중 음악이나 춤을 출 때 반주로 사용되던 향피리일 가능성이 높아 보입니다. 피리는

—————————————— 토우 전체로 보면 피리 부는 토우가 상당히 많다.

가늘고 긴 악기임에도 불구하고 신라 토우에서 보이는 피리의 형태는 팔뚝만큼 굵게 표현돼 있습니다. 아마도 잘 부서지지 않게 하려고 굵게 만들었을 듯합니다. 악기를 연주하는 인물의 표현은 매우 간략하며 얼굴 표현도 생략되는 경우가 있습니다.

　음악을 연주하는 곳에 춤이 빠질 수가 없겠지요. 가무나 주악, 잡기에 대한 내용은 한가위 무렵의 길쌈 행사인 가배(嘉俳)와 불교 의식인 팔관회(八關會)에서 가무백희(歌舞百戱)를 했다는 기록에서 찾아볼 수 있습니다. 가무(歌舞)는 노래와 춤을 말하며, 백희(百戱)는 헤아릴 수 없이 많은 놀이라는 뜻이니, 여러 종류의 노래와 춤을 종합적으로 행해졌으리라 생각됩니다. 그리고 그 실체를 확인할 수 있는 자료가 바로 신라 토우입니다. 양팔을 벌리고 서 있거나 좌우로 흔들거나 꺾인 듯한 자세에서 춤추는 모습을 떠올리게 되며, 입을 벌리고 환하게 웃고 있는 모양에서 노래 부

———————————————— 경주 황남동 유적에서 출토된
비스듬히 앉아 한쪽 팔을 들고 춤을 추는 토우.

르는 모습을 연상할 수 있습니다. 그 곁에서 무릎을 꿇고 양팔을 앞으로 가지런히 모으고 앉아 있는 인물들은 고깔 모양의 모자, 또는 가면을 쓰고 있습니다. 특히 굽다리 접시 뚜껑 위에 이러한 장면이 고스란히 표현돼 있는데 피리를 불고 있는 사람 앞에 두 명의 인물이 양팔을 벌리고 서 있는 모습이 보입니다.

고려 시대에 편찬된 역사책《삼국사기》나 조선 시대 경주 지역 지리서인《동경잡기(東京雜記)》와 같은 문헌 기록을 통해, 우리는 사람이 죽으면 그의 죽음을 애도하고 노래를 부르며 가면을 만들어 춤을 추었다는 사실을 알 수 있습니다. 우리나라뿐만 아니라 중국《후한서》나《삼국지》〈위지〉동이전, 일본의《일본서기》의 기록에도 죽음과 관련한 가무와 음주 행위가 있었다고 추정할 수 있습니다.

토우의 모습을 자세히 살펴보면 얼굴을 뾰족하게 표현하거나 고깔 같은 것을 쓴 모습을 확인할 수 있습니다. 아마도 의식 행위를 진행하면서 어떤 영적인 존재와의 매개체 역할을 담당했던 인물을 나타냈으리라 생각됩니다. 가면을 쓰는 행위 자체가 인간이 아닌 어떤 신적인 존재로서의 특정한 힘을 얻고, 그 힘을

얼굴을 뾰족하게
표현한 토우.
새의 얼굴을 추상적으로
묘사한 것으로 추정된다.

바탕으로 병이나 악한 기운을 막아 내기 위한 목적으로 사용됐다고 할 수 있겠습니다. 처용무에서 처용의 가면이 역병을 몰아내기 위한 하나의 도구로 활용된 것과 유사한 사례이지요. 또한 뾰족한 얼굴 표현은 아마도 새의 얼굴을 추상적으로 묘사한 것으로 이 인물은 저승과 이승을 연결하는 전달자의 역할을 담당했으리라 여겨집니다.

　여러 가지 동작 중에 이상한 자세를 취하고 있는 토

우가 있습니다. 상체를 앞으로 숙이면서 양손을 머리 뒤로 올린 자세나, 두 다리를 앞뒤로 벌리고 앉아 있거나 공을 끌어안고 있는 모습 등이 보입니다. 이러한 자세는 곡예의 일종으로 여겨지는데, 잡기(雜技)라고 하여 손님을 접대하거나 군사를 위로하기 위한 여흥의 자리에서 보여 주는 다양한 오락이 펼쳐지는 장면을 묘사한 것이 아닐까 싶습니다. 부여의 영고, 고구려의 동맹, 예의 무천과 같은 제천 행사에 춤을 추고 술을 마시고 노래했다는 기록과, 중국 한나라나 서역에서도 가면을 쓰고 춤을 추거나 곡예를 부리는 잡기상이 발견되는 것을 근거로 신라 토우의 이러한 자세들을 잡기를 펼치는 모습으로 추정하기도 합니다.

잡기를 하는 토우.

계림로 목 항아리의 현악기를 연주하는 사람으로부터 조금 떨어진 부분에 남녀가 사랑을 나누는 장면을 볼 수 있습니다. 남자보다 여자가 두 배 정도 크게 표현되어 있고 여자의 얼굴은 마치 가면을 쓴 듯하며 눈과 입이 뚜렷하게 묘사되어 있습니다. 하나의 생명체로서 인간의 탄생은 남녀 간의 사랑의 결과입니다. 사랑은 기분 좋은 유희 중의 하나이지요. 다른 동물과는 달리 감정적인 유희를 즐기는 인간은 은밀한 공간

남녀가 사랑을 하는 행위를 담은 토우는
다산과 풍요를 기원하는 마음을 담은 것으로 본다.

에서 가장 솔직하고 노골적인 행동을 일상처럼 즐겼습니다. 일반적으로 남녀의 성을 강조하기 위해 남녀의 성기를 강조하는데, 이는 다산이나 풍요를 바라는 마음을 담은 것으로 해석하지요.

그런데 남녀가 사랑을 나누는 매우 적나라한 모습을 작은 토우에 담아 표현하고 이것을 토기에 붙이거나 무덤에 넣는 행위의 이면에는 과연 어떤 의미가 숨겨진 것일까요? 왜 굳이 여자임을, 남자임을 강조하였을까요? 동서고금을 막론하고 성의 강조는 자손 번창과 풍요를 의미합니다. 남자의 성을 강조한 토우는 앉아 있는 자세와 서 있는 자세로 크게 구분되고, 특히 코와 귀를 강조한 점이 특징입니다. 얼굴의 눈·코·입을 생략하기도 하고, 고깔과 같은 모자를 쓰거나, 머리 모양이 두 갈래로 나뉘는 등 다양한 형태로 보아 남자의 성을 강조하는 토우에도 나름의 세부적인 구분이 있던 듯합니다.

다음으로 동물을 표현한 토우들을 살펴보겠습니다. 동물은 진화 과정에서 상대방이 알아볼 수 있도록 하는 특징적인 표시, 즉 '표시 마크'를 갖는 메커니즘을 발전시켰는데요. 자신의 게놈을 드러내는 털의 무늬나 갈기, 수염, 꼬리의 형태 등이 그것입니다. 우리는 특정한 표시 마크를 보고 어떠한 동물인지를 직관적으로 압니다. 신라 동물 토우를 보고 호랑이, 소, 말, 토끼, 개, 개구리, 거북이, 뱀 등을 알아볼 수 있는 것도 바로 이 때문이죠. 물론 가끔 애매모호한 것들도 있습니다.

동물 토우들을 살펴보면 마치 신라 시대의 동물원을 보는 듯합니다. 이들 동물 토우도 토기의 뚜껑에 붙어 있던 것으로, 같은 종류, 또는 다양한 종류의 동물 조합, 또는 사람과 함께 조합되어 나타나기도 합니다. 하늘·땅·물의 세계에 사는 동물뿐만 아니라 상상의 동물인 용의 모습까지 확인됩니다. 현재 우리나라에서 살지 않는 원숭이 등이 토우로 만들어진 사실도 매우 흥미롭습니다. 동물의 이미지에 담긴 의미나 역할은 그 동물의 생태적 속성뿐만 아니라, 당시 사람들의 정신세계를 파악할 수 있는 중요한 자료입니다. 고대의 동물 형태나 숭배에 대해서는 물질 자료가 풍부하게 있습니다. 다양한 문헌 자료에서 동물의 이름이 나타날 뿐만 아니라, 청동기 시대 바위그림이나 고구려 벽화 고분에서 갖가지 실제 동물과 상상의 동물,

신라 토우에서 보이는 동물의 실제 형태를 알 수 있습니다.

동물 토우 속에 담긴 의미를 이해하기 위해서는 각 동물이 가지는 생태적 속성뿐만 아니라, 당시 문화나 사상, 관념 등의 맥락 속에서 고려해야 합니다. 고대인들은 동물의 특성에 따라 다양한 의미를 들어 각 동물을 숭배했습니다. 새·말·용 같은 동물들은 현세와 저승을 이어 주는, 또는 영혼을 실어 나르는 상징적인 역할을 한다고 생각되며, 개구리·뱀·물고기는 다산을 상징합니다. 또한 사람이 죽어 저승에 가면 현세와 마찬가지로 같은 삶을 계속 누리고 산다는 믿음(계세사상

새(후투티) 토우 장식 뚜껑.

繼世思想)에서 동물에 저승과 이승, 하늘과 땅, 바다를 넘나드는 영매(靈媒)의 의미를 부여했습니다. 신라 사람들은 함께 살아가는 이러한 동물에서 삶의 영원한 활력을 얻었을지도 모릅니다.

토우 장식 항아리에 표현된 동물 중에서 가장 두드러지는 것이 '개구리 뒷다리를 물고 있는 뱀'의 모습입니다. 계림로 목 항아리에도 개구리와 뱀이 세 세트, 노동동 목 항아리에도 세 세트가 있습니다. 개구리와 뱀은 황남동 돌덧널 무덤에서 출토된 다른 토우에서도 자주 확인됩니다. 뱀은 땅과 물속을 자유자재로 넘나드는 동물입니다. 뱀이 성장할 때 허물을 벗는 특성은 죽음으로부터 다시 태어난다는 의미가 있습니다. 따라서 뱀은 영원한 생명을 누리는 존재로서 불사 또는 재생을 상징합니다. 뱀은 많은 알과 새끼를 낳기도 하여 풍요와 재물과 다산을 상징합니다. 그래서 뱀은 왕릉 주위에 봉분을 보호하기 위해 두르는 둘레돌에 왕을 수호하는 십이지신으로도 등장합니다. 뱀은 두렵고, 두려움은 존재하도록 하는 경고의 신호입니다. 인간은 두려움을 이겨냄으로써 세상에 존재할 수 있으며, 두려움은 긴장을 만들어 내고, 긴장은

계림로 토우 장식 항아리에 표현된 '개구리를 무는 뱀'.

번식력의 근원이 됩니다. 개구리를 무는 뱀은 다산과 풍요를 의미하는 동시에 남성(개구리)과 여성(뱀)의 결합으로 인한 생산과 재생을 나타냅니다.

개구리는 물과 육지를 삶의 터전으로 하여 신체가 변화하고 겨울잠을 자는 특이한 생존 방식을 가지고 있는 동물로, 재생, 영원성, 재물, 다산과 풍요로움을 상징합니다. 비범하고 예언적 능력을 지닌 존재로도 인식됩니다. 그러나 속담과 이야기 속에서 개구리는 불효자, 몰염치한 자, 허풍쟁이 등 부정적인 의미로 인식되기도 하지요. 토우에서는 납작한 몸에 발가락이 물갈퀴처럼 표현되어 있습니다. 개구리는 왕권과 관련하여 신성함을 나타내기도 합니다.《삼국유사》의 부여 신화에서는 부여왕 해부루(解夫婁)가 산천에 제사를 지낸 후 바위 아래에서 금빛 개구리 모양의 아이를 얻었는데, 그가 바로 부여의 금와왕이 됐다는 설화가 있습니다. 신라에서도 선덕여왕 때 영묘사의 옥문지(玉門池)에서 3~4일 동안 개구리(두꺼비)가 우는 것을 보고 여근곡(女根谷)에 군사를 보내어 잠복하고 있던 백제의 군사를 토멸했다고 합니다.

계림로 출토품인 토우 장식 항아리는 이외에도 새

(오리?)와 거북이(자라?), 토끼(여우?) 등이 함께 표현돼 있습니다. 아마도 대부분 비슷한 의미를 담아 만들어서 붙였을 텐데, 이제는 각각의 의미에 대한 해석을 넘어 이들의 조합 관계에 대한 의미를 고민해 보아야 합니다. 계림로 토우 장식 항아리의 발굴과 특별 전시 등으로 꽤 많은 자료가 공개되면서 이와 연관된 연구 성과가 나오기 시작했습니다. 토우를 분류하고 이와 연계된 암각화, 민속, 음악사 등 다양하고 세부적으로 연구한 결과가 발표됐습니다. 특히 최근에는 샤머니즘에 대한 비교문화적 해석을 통해 주술사인 샤먼이 의식적인 전환 상태 ASC(altered states of consciousness)에서의 기억을 공유하기 위해 만든 토우일 가능성이 제기되기도 했습니다. 즉, 토우에 표현된 모습이 당시 사람들의 일상생활이 아니라, 샤먼이 초자연적 존재와 교류하는 트랜스 상태에서 한 경험, 영혼 여행, 빙의에 의한 경험을 나타낸 것으로 보는 견해입니다.

토우의 모습은 사람뿐만 아니라 동물과 사물까지 매우 다양합니다. 남녀가 사랑을 나누는 모습, 남녀 성기, 코와 귀를 과장되게 표현한 토우의 모습에서 다산·풍요·재생을 염원했던 신라인들의 소박한 마음을 헤아려 볼 수 있습니다. 또, 뱀·거북이·개구리·물고기·새·말·용·개·소·토끼·원숭이·물개 등 다양한 동물은 단순히 신라인들과 함께 살았던 동물이라는 의미뿐만 아니라, 재생(再生)·풍요·부활·다산(多産)·영매(靈媒) 등 상징적인 의미를 각각 담고 있습니다.

무언가를 본떠 만들거나 그린다는 행위에는 선사시대 이후 특정한 사물이나 동물을 숭배하는 인간의 관념이 담겨 있다고 봅니다. 주변의 대상과 동물을 모방한 토우나 상형 토기는 모방성과 대체성 측면에서 가치를 가졌습니다. 일정한 의례 또는 퍼포먼스를 한 후 무덤 속에 넣었을 수도 있습니다. 죽은 자로 인한 상실감, 그 부재의 공간에서 전통성을 유지해 다음 세대로 전달하고 공유하고자 하는 의례나 퍼포먼스는 매우 중요합니다.

사람과 동물, 사물을 본떠 만든 작은 흙 인형들이 단순히 신라인의 일상과 염원을 담아 만든 것인지, 아니면 샤먼의 기억과 퍼포먼스를 남기기 위한 것인지에 대한 논의는 또 다른 시작점에 놓여 있습니다. 현재 일부 토우가 토기와 조합되어 복원된 것처럼, 앞으로 토기 위에 부착된 토우 조합에 대한 연구가 이뤄진다면 신라 사람들의 솔직한 기억을 엿볼 수 있으리라 기대합니다.

* **목 항아리**(장경호長頸壺)
목이 그릇 높이의 5분의 1 이상으로 굵고 길게 붙어 있는 항아리.

* **토용**(土俑)
흙으로 사람이나 동물 등을 본떠 만든 것을 가리킨다.

* **상형 토기**
사람 또는 특정 물건의 모양을 본떠 만든 것으로 주로 신라와 가야의
토기들을 말한다.

* **돌덧널 무덤**(석곽묘石槨墓)
돌을 쌓아 덧널을 만든 무덤 구조로, 주로 삼국 시대에 유행했다. 신라
가야의 경우, 내부에 다시 망자를 모신 나무덧널이나 나무널을 설치하
기도 했다.

* **돌무지 나무덧널 무덤**(적석목곽묘積石木槨墓)
신라에서 400년부터 550년 사이에 유행한 무덤 구조다. 망자를 모신
나무널을 나무덧널에 넣고, 주변에 돌을 쌓은(적석) 후, 흙으로 봉분을
덮은 무덤을 총칭해 돌무지 나무덧널 무덤이라고 한다.

* 조선고적연구회

1931년에 설립된 조선 총독부의 외곽 단체. 조선 총독부의 행정 지원과 일본의 재벌, 궁내부, 일본학술진흥원, 이왕가 등의 재정 지원으로 활동하던 식민 사학의 뿌리가 되는 조직이다. 각 지역에 해당 유적의 전문가를 상주시키면서 기존에 파악된 유적이나 유물을 보다 조직적이고 체계적으로 파헤쳤다.

* 으뜸덧널(주곽主槨)

덧널 중 무덤 주인공이 묻히는 덧널. 덧널은 '곽'이라고 하는데, 시신을 모신 널을 보호하고, 무덤 부장품을 보호하는 기능을 하는 시설이다. 재질에 따라 나무로 만들면 나무덧널, 돌로 만들면 돌덧널이라고 부른다.

* 딸린덧널(부곽副槨)

무덤 주인공이 사후 세계에서 사용할 용기나 도구를 넣어 주는 덧널. 주가 되는 으뜸덧널에 부가되는 시설이므로 딸린덧널이라고 부른다.

* 돌무지 무덤(적석총積石塚)

망자를 땅에 묻고, 봉분을 돌로만 한 것으로 삼국 시대에는 고구려에서 크게 유행했다.

* 돌널 무덤(석관묘石棺墓)

망자를 담는 널을 돌로 만든 것.

* 독 무덤(옹관묘甕棺墓)

망자를 담는 널을 옹이나 항아리 등으로 만든 것을 말한다.

* **껴묻거리**(부장품副葬品)

신라인들을 비롯해 고대인은 죽어서도 살아 있는 모습과 동일하게 사후 세계에서 생활한다고 믿었기 때문에 생활 용기나 도구를 무덤 안에 함께 넣었다. 이러한 물건들을 껴묻거리라고 부른다.

* **말갖춤**(마구馬具)

말을 타거나 제어하기 위해 사용하는 도구. 발걸이, 안장, 재갈 등이 대표적이다.

* **기대**(器臺)

둥근 항아리를 받치는 그릇.

* **말띠꾸미개**(운주雲珠)

말갖춤에 사용되는 가죽 띠가 연결되는 곳을 고정하면서 말을 장식하는 것.

* **말띠드리개**(행엽杏葉)

말갖춤의 가죽 띠에 연결해 말을 장식하는 납작한 장식.

* **돌방 무덤**(석실묘石室墓)

돌로 천정이 있는 방을 만든 후 망자를 모시는 무덤 구조. 방에 문이 달려 있고, 방에 이르는 복도가 있는 것이 특징이다.

* **생산 유적**

고고학 발굴에서 발견되는 물건 등을 제작하거나 만드는 공방 터 등을 가리킨다.

* **덧널 무덤**(곽묘槨墓)
널을 보호하는 외피 시설로 덧널을 가진 무덤. 덧널은 주로 나무나 돌로 만든다.

* **둘레돌**(호석護石)
무덤의 경계 시설로 주로 돌을 쌓아 만들고, 봉분의 흙이 흘러내리지 않도록 하는 기능도 있다.

참고 문헌

- 국립경주문화재연구소·한성백제박물관, 2022,《서울에서 만나는 경주쪽샘 신라고분》
- 국립경주박물관, 1997,《신라토우》
- 국립중앙박물관, 2009,《신라토우 영원을 꿈꾸다》
- 국립중앙박물관, 2023,《영원한 여정, 특별한 동행》
- 김성혜, 2006,《신라음악사연구》, 민속원
- 김원룡, 1968,〈우리 미의 재발견 : 토우〉,《공간》3
- 김재원, 1962,〈새로 발견된 토기 기종〉,《미술자료》6
- 손명순, 2016,《신라 토우 연구 - 현황과 변천을 중심으로-》, 경주대학교문화재학과박사학위 논문
- 우정연, 2018,〈경주지역 신라 부착토우 연구 ㅡ샤머니즘과의 관련성을 중심으로ㅡ〉,《韓國上古史學報》101, 韓國上古史學會
- 우정연, 2019,〈신라 부착토우 부장 무덤 연구 ㅡ5~6세기 경주 중심지역 무덤과의 관계를 중심으로ㅡ〉,《韓國上古史學報》111, 韓國上古史學會

- 이난영, 1981, 〈한대 잡기상과 일부 신라토우와의 관계〉, 《미술자료》 28
- 이은창, 1983, 〈신라토우에 나타난 민속〉, 《신라민속의 신연구》, 신라문화제학술발표회논문집, 4집, 신라문화선양회·경주시
- 정재훈, 1975, 《경주 황남동 미추왕릉내 도로면내 폐고분 발굴 조사》
- 진홍섭, 1961, 〈이형토기 二例〉, 《고고미술》 5-4
- 천진기, 1998, 〈신라 토우에 나타난 신라속 연구〉, 《민속학연구》 5호
- 小泉顯夫, 1986, 《朝鮮古代遺蹟編曆-發掘調查三十年回想》, 六興出版

국립경주박물관 신라 문화유산 시리즈 ③

신라인의 일상을 엿보다
토우 장식 항아리

1판 1쇄 발행   2023년 12월 15일

기획   국립경주박물관
지은이   김현희

펴낸이   이민선, 이해진
편집   홍성광, 백선
디자인   박은정
일러스트   박태연
제작   호호히히주니 아빠
인쇄   신성토탈시스템

펴낸곳   틈새책방
등록   2016년 9월 29일 (제2023-000226호)
주소   10543 경기도 고양시 덕양구 으뜸로110, 힐스테이트에코덕은 오피스 102-1009
전화   02-6397-9452
팩스   02-6000-9452
홈페이지   www.teumsaebooks.com
인스타그램 @teumsaebooks
페이스북   www.facebook.com/teumsaebook
포스트   m.post.naver.com/teumsaebooks
유튜브   www.youtube.com/틈새책방
전자우편   teumsaebooks@gmail.com

ⓒ 국립경주박물관·김현희, 2023

ISBN   979-11-88949-57-1 03910